PLVS PENSER QVE DIRE

ARRESTS DV CONSEIL

D'ESTAT, ET DE

la Cour des Monnoyes.

Portant Reglement entre les Gardes &
Royaux des Monnoyes, & les
s, Iurez & Maiſtres de l'Or-
e.
14 auril 1631.

A PARIS,

Chez IACQVES DVGAST, au bas de la ruë de
la Harpe, aux Gants couronnez, prés
la Roze rouge.

M. DC. XXXI.

ARRESTS DV CONSEIL

D'ESTAT, ET DE la Cour des Monnoyes.

Portant Reglement entre les Gardes &
Iuges Royaux des Monnoyes, & les
Gardes, Iurez & Maiſtres de l'Or-
fevrerie.

A PARIS,

Chez IACQVES DVGAST, au bas de la ruë de
la Harpe, aux Gants couronnez, prés
la Roze rouge.

M. DC. XXXI.

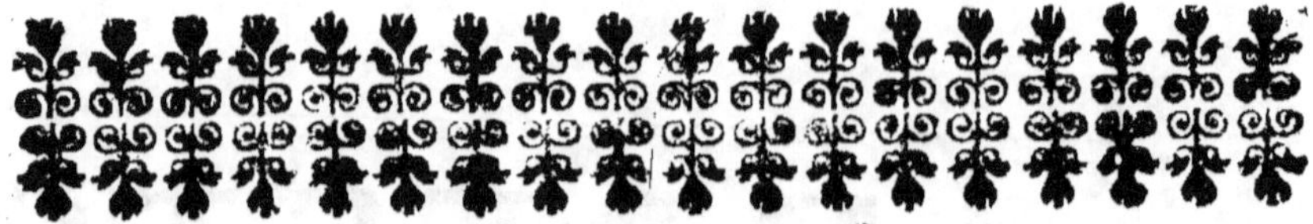

EXTRAICT DES REGISTRES
du Conseil Priué du Roy.

Ntre Maiſtre Pierre de l'Hommeau, ſieur de la Bretauderie, Garde hereditaire & Iuge Royal en la Monnoye de la ville d'Angers, demandeur en requeſte du 18. Ianuier 1630. d'vne part ; Et Pierre le Gangneux & Iſaye Hardy le jeune, Gardes, Iurez & Maiſtres d'Orfeurerie en ladite ville d'Angers, defendeurs d'autre. VEV PAR LE ROY EN SON CONSEIL, ladite requeſte tendante à ce que ſans auoir eſgard à la Commiſſion de la Cour de Parlemēt de Paris, du dernier May 1629. obtenuë par leſdits defendeurs, qui ſera rapportée pour eſtre declarée nulle, ny à l'aſſignation donnée audit Parlement de Paris, audit demandeur en conſequence de ladite Commiſſion, de laquelle il ſera deſchargé, il pleuſt à ſa Majeſté, conformément à ſes Edicts & Ordonnances, ordonner que l'inſtance de Reglement concernant le fait d'Orfeurerie, reception des Orfeures en ladite ville d'Angers & autres villes du reſſort de la Monnoye d'icelle, preſtations de ſerment & receptions de cautions, ſuiuant les Ordonnances pendant audit Parlement de Paris, entre le demādeur, le Lieutenant general d'Angers, & Officiers de ladite Monnoye audit lieu & autres, ſera euocqué audit Conſeil pour y eſtre iugé & terminé, ſinō renuoyé en la Cour

A ij

des Mónoyes, à laquelle la cognoiſſance en appartiét priuatiuemét à tous autres Iuges, Arreſt dudit Cóſeil ſur ladite requeſte dudit 18. Ianuier 1630. portant que leſdits defendeurs ſeront aſſignez audit Conſeil à quinzaine, aux fins de ladite requeſte, & cependant toutes pourſuites ſurſeoiront, tát audit Parlement de Paris que Cour des Monnoyes, Exploicts des 23. dudit mois de Iáuier & 1. Feurier audit an, d'aſſignations données auſdits defendeurs en vertu dudit Arreſt, copie d'Arreſt dudit Parlemét de Paris, du 2. Septembre 1628. donné entre Yſaac Couſtant & Girard Perreau, appellans d'vne ſentéce rendue par le Seneſchal d'Anjou, ou ſon Lieutenant, du dernier Ianuier audit an, d'vne part; Et Iean Sehut compagnon Orfevre de ladite ville d'Angers, intimé d'autre; Par lequel auparauant proceder au iugemét diffinitif a eſté ordonné que tant le Lieutenant general d'Angers, que les Officiers de la Monnoye dudit lieu ſeront appellez pour prendre communication de ladite inſtance, pour y dire ce que bon leur ſemblera, & cependant que par prouiſion la ſentéce du dernier Ianuier ſera executée & conformément à icelle le chef-d'œuure baillé audit Sehut, pour eſtre receu en la maniere accouſtumée, s'il eſt trouué capable. Autre Arreſt de la Cour des Monnoyes du 17. Feurier 1629. donné ſur la requeſte dudit Iſaac Couſtant compagnon Orfevre de la ville de Saumur, par lequel faiſant droict ſur ladite requeſte & concluſions du Procureur general, a eſté ordonné que ledit Couſtant ſera receu Orfevre en ladite ville de Saumur, s'il eſt trouué ſuffiſant & capable, & à ceſte fin renuoyé pardeuant le premier des Preſidens & Conſeillers generaux de ladite Cour trouué ſur les lieux, & en ſon abſence pardeuát les Gardes de l'Orfevrerie dudit Saumur pour faire chef-d'œuure dudit meſtier, & s'il eſt trouué ſuffiſant & capable, par-deuant les Gardes & Iuges Royaux de la Monnoye d'Angers pour preſter le ſerment en tel cas requis & accouſtumé, inſculper ſon poinçon & bailler ſes cautions ſuiuant l'Ordonnance, auec defence au Lieutenant general de ladite ville d'Angers de prendre cognoiſſance du fait de l'Orfevrerie, tant en ladite ville d'Angers, Saumur, qu'autres villes du reſſort de la Seneſchauſſée de ladite ville d'Angers, & aux Orfevres dudit reſſort de le recognoiſtre, à peine d'amende arbitraire. Arreſt dudit Parlement de Paris du dernier May audit an, donné ſur la requeſte preſentée en iceluy par les Gardes, Iurez & Maiſtres d'Orfevrerie de ladite ville d'Angers pour eſtre receus parties interuenans en l'inſtance pendante en ladite Cour, entre leſdits Iean Schut, Yſaac Couſtant, Bertrand Fremy, & Girard Perreau, cõpagnons, aſpirans en vne ſeule place de Maiſtre Orfevre audit Saumur, vacante par la mort d'vn Maiſtre Orfevre dudit lieu, ſur laquelle eſt interuenu l'Arreſt dudit 2. Septembre 1628. par lequel Commiſſion eſt attribuée auſdits Gardes, Iurez & Maiſtres d'Orfevrerie pour faire appeller audit Parlement qui bon leur ſemblera pour reſpondre aux fins de ladite requeſte. Exploiết du 22. Iuin audit an, d'aſſignation donnée audit demandeur audit Parlemết, requeſte deſdits defendeurs, requeſte preſentée audit Parlement par leſdits defendeurs le dernier Iuillet audit an, ſur laquelle Maiſtre Vrſin Durand, Conſeiller en icelle, a eſté cõmis pour ouyr & regler les parties; deux deffauts contre ledit demãdeur à faute de defendre en ladite Cour, des dernier Iuillet & 14. Aouſt audit an, defences par luy fournies auſdits defendeurs,

les 10. & 16. Octobre audit an, acte du 29. Decembre
audit an, cóme les defendeurs auroiēt baillé plusieurs
copies au demandeur des pieces dót ils s'entendoient
ayder contre luy : copie de l'Edict du Roy Henry II.
de l'an 1548. de creation & erection en tiltre d'Office
Royal d'vn Preuost & vn Greffier en chacune Monnoye, pour y estre d'oresnauát pourueu par sa Majesté
de personnes capables. Lesquels Preuosts auons auec
les generaux subsidiaires la visitatió & regard sur tous
Orfevres, Ioüailliers, Changeurs, Departeurs, Affineurs & autres Officiers desdites Mónoyes, qui serót
aux villes & lieux estans sous l'estendue & ressort de
chacune Monnoye, verifié tant audit Parlement de
Paris, Cour des Aydes, que Cour des Monnoyes, les
20. Nouembre & 15. Decébre audit an 1548. Extraicts
des Ordónances Royaux sur le fait de la Iurisdiction
de ladite Cour des Monnoyes & Gardes d'icelles, des
années 1551. 1554. & 1555. Autre copie d'Edict du Roy
Henry III. de l'an 1577. fait sur le restablissement d'vn
Preuost, Greffier, Procureur & Sergent en chacune
Monnoye: nonobstant l'Arrest du Conseil interuenu
depuis l'Edict de creation d'iceux, portát suppression
desdits Offices. Autre Edict sur la creation des Offices
hereditaires des Gardes, Essayeurs, Tailleurs & Con-
tregardes desdites Monnoyes, auec ampliation de Iurisdiction & augmentation de gages, du mois de Iuillet 1581. Declaration du Roy Henry le Grand, du 2.
Ianuier 1610. portant defences de transporter les rea-
les d'Espagnes, & autres especes & matieres, tant d'or
que d'argent hors le Royaume, ny les esloigner hors
la plus prochaine Monnoye, auec pouuoir à ladite
Cour des Monnoyes, Commissaires d'icelles, Generaux, Subsidiaires, & Gardes establis en chacune des-

dites Monnoyes d'informer à l'encôtre des contreuenás à ladite Declaration, auec interdiction aux Cours de Parlement, Baillifs, Seneschaux, leurs Lieutenans & autres Iuges d'en prendre cognoiſſance, & aux parties de s'y pouruoir ; meſme attribue auſdites Cour des Monnoyes & Preuoſts d'icelles , la viſitation des Orfevres du Royaume , ſans que leſdites Cours de Parlement & Iuges d'icelles en puiſſent cognoiſtre: Verifiées en ladite Cour des Monnoyes le 27. May audit an. Lettres de prouiſion & quittáces de finance de l'Office de Garde en la Monnoye d'Angers, ſous le nom de Michel Gohin, des dernier Decembre 1582. & mois de Septembre 1583. auec les Regiſtres d'icelle en la Chambre des Comptes à Paris, du 12. Mars 1585. côtract paſſé deuant Mahurin le Pelletier, Notaire à Angers, le 24. Feurier 1603. de vente faite par Ieanne de l'Hommeau , vefue de Maiſtre Iacques du Roger, audit demandeur, dudit Office de Garde de ladite Monnoye dudit Angers : Lettres de prouiſion dudit Office ſous le nom dudit demandeur du 10. Mars 1603. copies d'Arreſts de ladite Cour des Monnoyes des 20. Feurier 1624. 24. Mars 1603. 16. Mars 1607. & 4. Septembre 1610. & 29. Auril 1627. ſignification dudit Arreſt du 16. Mars 1607. faite à la requeſte dudit demandeur & de Guy Iolly Preuoſts & Gardes hereditaires audit Angers, à Pierre le Gendre & Thomas Sophier, Maiſtres , Iurez & Gardes de l'Ofevrerie audit Angers, à ce qu'ils ayent à obeyr à iceluy mandement du demandeur, du 28. Ianuier 1628. pour aſſigner pardeuant luy leſdits le Gendre & Sophier, pour reſpondre aux concluſions du Procureur de ſa Majeſté en ladite Monnoye , au bas duquel eſt l'aſſignation donnée auſdits le Gendre & Sophier, en

vertu dudit mandement du dernier iour dûdit mois
& an : Sentence dudit demandeur Garde de ladite
Monnoye, à l'encontre desdits le Gendre & Sophier,
par laquelle pour le profit des deffauts donnez con-
tr'eux & mespris fait de sa Iurisdiction, ils ont esté
condamnez chacun en trente liures d'amende, en
datte du 16. Mars 1628. procez verbal dudit demandeur dudit iour & an. Autre sentence du 18. dudit
mois & an : autre procez verbal du 9. Octobre audit
an, extraict des Regiftres du Greffe de ladite Monnoye d'Angers, contenant les noms & surnoms des
personnes qui ont esté receus maistres Orfevres, tant
en ladite ville qu'autres de la prouince d'Anjou , par
les Gardes de ladite Mónoye, depuis le 19. Mars 1616.
iusques au 3. Ianuier 1630. Sentence du Lieutenant
general du Iuge d'Anjou, du 9. Decembre 1513. de ve-
rification des Priuileges, Statuts, & Ordonnances des
Maistres & Orfevres du meftier d'Orfevre de ladite
ville d'Angers: Ordonnances faites par Maistre Thomas Turquant Conseiller & General des Monnoyes,
Commissaire de sa Majesté sur les Reglemens & Re-
formation desdites Monnoyes, Orfevres, Changeurs,
Affineurs, Ioüalliers, Merciers & autres personnes
vendans or & argent és Prouinces de Tourraine,
Poictou, Anjou & autres Prouinces, du 7. Nouembre
1571. Arrest de ladite Cour des Monnoyes du 27. May
1581. par lequel est ordonné que lesdits Maistres & Iurez de l'Orfevrerie d'Angers garderôt le Reglement
fait par ledit Màistre Thomas Turquant, & neantmoins permis à Iacques Pappan de faire son chef-
d'œuure dudit meftier d'Orfevre, suiuant l'Arrest dudit Parlement de Paris, en l'Hoftel dudit meftier ou
de la Monnoye. Procez verbal de Maistre Anthoine
de

de Flory, Maiſtre & General des Monnoyes, du 12.
Septembre 1628. fait ſur la requeſte à luy preſentée par
Yſaac Couſtant & Girard Perreau, côpagnons Orfevres demeurâs à Saumur, contre les maiſtres Orfevres
d'Angers, ſur lequel entr'autres choſes il a renuoyé
les parties ſe pouruoir en ladite Cour des Monnoyes.
Autre procez verbal de viſitation faite par les Gardes
de l'Orfevrerie d'Angers ſur les Orfevres de ladite
ville de Saumur, du 21. Aouſt 1628. Autre procez verbal du 30 Nouembre audit an, fait pardeuant François
Boueſtault, maiſtre à Saumur, de la reception de Girard Perreau, à l'vne des quatre places de maiſtre Orfevre audit Saumur. Sentence du Lieutenant general
de la Seneſchauſſée d'Anjou, du 9. Mars 1592. du ſerment fait deuant luy par deux maiſtres dudit meſtier
d'Orfevre à Angers, ſuiuant la reception qui en auoit
eſté faite pardeuant les maiſtres Iurez dudit meſtier.
Autre appoinctement donné par ledit Lieutenant
general d'Anjou, le 17. Ianuier 1594. entre trois parti-
culiers aſpirans à la qualité de maiſtres Orfevres audit
Angers, portant Ordonnance de communiquer au
Procureur de ſa Majeſté audit Angers. Autre ſentence dudit Iuge du 7. Feurier 1594. de la reception d'vn
nouueau maiſtre Orfevre en ladite ville d'Angers, au
bas de laquelle eſt l'atteſtation du Garde de ladite
Monnoye d'Angers, du 12. dudit mois & an, comme
ledit Orfevre a empraint ſon nô & frappé ſon poinçon dans la table de cuiure de ladite Monnoye. Autre
ſentence dudit Iuge, du 5. Iuillet 1605. du ſermét preſté deuant luy par vn autre maiſtre Orfevre d'Angers,
Autre du 5. dudit mois & an, du ſermét preſté deuant
ledit Iuge d'vn autre maiſtre Orfevre audit Angers.
Autres ſentences dudit Iuge du 9. Iuin 1607. du ſer-

ment fait par autre maiſtre en ladite ville. Deux proceſ verbaux de René Garnier, Notaire audit Angers, les 3.& 4.Decembre 1607.& 14. Feurier 1617.de la reception de deux autres maiſtres à Saumur. Autre ſentence dudit Lieutenant general d'Angers du 11.Iuillet audit an,du ſerment fait deuant luy par deux maiſtres Iurez dudit meſtier d'Orfevre d'Angers.Autre du 21. Nouembre audit an, du ſerment preſté par ledit Thomas Sophier du meſtier d'Orfevre à Angers. Autre ſentence de maiſtre Iacques Briſſet, Conſeiller & General en ladite Cour des Monnoyes, du 7.Octobre 1619. portant Ordonnance aux Maiſtres & Gardes de ladite ville d'Angers de bailler chef-d'œuure à Iacques Pelletier, compagnon Orfevre, pour eſtre receu audit meſtier, s'il en eſt capable, à l'vne des places qui vacqueront en ladite ville de Saumur. Autre dudit Lieutenant d'Angers du 26. Aouſt 1621. du ſerment preſté deuant luy d'vn autre maiſtre Orfevre audit Angers. Autre ſentence contradictoirement donnée entre maiſtre Iſaye Hardie, maiſtre Orfevre audit Angers, Pierre le Gendre & Thomas Sophier, maiſtres Iurez en ladite ville & pluſieurs autres, contenant entr'autres choſes, comme il eſt ordonné que Guillaume Hardie & François Bourdais rendront les chefs-d'œuures à eux baillez par la Communauté des Orfevres dudit Angers, pour en cas de capacité & ſuffiſance eſtre receus maiſtres en deux des places vacantes audit Angers en la forme & maniere accouſtumée. Deux autres ſentences dudit Iuge des 2.Iuin & 26.Septébre 1628.du ſerment preſté deuant luy par deux autres maiſtres Orfevres de ladite ville d'Angers, Commiſſion de maiſtres Claude de Montperlier & Iean de Riberolles, Conſeillers & Generaux deſdites

Monnoyes, du 28. Decembre 1581. portant injon-
ction aux Iurez & Gardes dudit meftier d'Orfevre
d'Angers de vacquer iour & nuict & à iours non pre-
ueus, à faire les vifitations fur les Orfevres, Ioüailliers,
Merciers & autres perfonnes qui s'entremettent de
vendre bagues & autres vaiffelles, & autres befongnes
d'or & d'argent en ladite ville & autres lieux circon-
uoifins : copie non fignée d'Arreft dudit Confeil, du
14. Ianuier 1615. Autre Arreft dudit Confeil du 22.
Feurier 1617. donné entre les Maiftres & Gardes de
l'Orfevrerie à Paris, demandeurs en requefte d'vne
part; Et Vlfran Godart, maiftre Orfevre de ladite ville, defendeur d'autre, & le Procureur general de ladite Cour des Monnoyes, & Procureur de fa Majefté
au Chaftelet de Paris, interuenans audit procez, par
laquelle fa Majefté faifant droict furladite inftance,
fans auoir efgard à la requefte du 13. Decembre 1615.
Arrefts de la Cour des Monnoyes des 3. 5. Septembre
& 22. Octobre 1616. que fa Majefté a caffez & annul-
lez, enfemble la fentence du Preuoft de Paris, du 13.
dudit mois d'Octobre, comme donnez au prejudice
de l'inftance pendante audit Confeil, & conformément aux Arrefts des 3. Decembre 1609. & 14. Ianuier
1615. a renuoyé les parties pardeuant le Preuoft de
Paris, ou fon Lieutenant Ciuil, pour proceder entr'elles fuiuant le contenu en l'exploict du 2. Septembre
dudit an 1616. & que les Arrefts dudit Confeil des 13.
Aouft 1605. & 3. Decembre 1609. feront executez, &
ce faifant que les Procureurs generaux du Parlement
& Cour des Monnoyes communiqueront enfemble,
& feront ouys fur le differend de la Iurifdiction de
ladite Cour de Parlement & Cour des Monnoyes,
pour ce fait eftre pourueu ainfi que de raifon : copie

d'Arreſt dudit Parlement du 7. Septembre 1630. donné entre Iean Baptiſte d'Hardiuilliers, François Delaiſtre & conſors, marchands maiſtres Orfevres à Paris, & Hieroſme Achet, Iean Pean & Hieroſme Petit, maiſtres & Gardes du Corps de la marchandiſe d'Orfevrerie en l'année 1629. demandeurs & defendeurs, d'vne part : Et Pierre Baſtier, Claude Couſturier, & Claude Mercade, auſſi maiſtres & Gardes de ladite marchandiſe en ladite année, & pluſieurs autres maiſtres & Gardes dudit meſtier, defendeurs & demandeurs d'autre ; portant entr'autres choſes defences à tous Eſtrangers & autres perſonnes d'apporter en ce Royaume aucunes marchandiſes d'Orfevrerie, ſi ce ne ſont des pierres fines, nuës & hors œuvre, & de faire fabriquer pour reuendre & colporter aucunes marchandiſes d'Orfevrerie. Autre Arreſt de ladite Cour des Monnoyes du 16. Feurier 1622. donné ſur la requeſte d'Eſtienne Thoumaſſeau & autres compagnons Orfevres de ladite ville d'Angers, & aduis des Maire & Eſcheuins de ladite ville, par lequel le nombre deſdits Orfevres a eſté augmenté iuſques à vingt cinq. Requeſte deſdits le Gangneux & Hardy, à ce que l'inſtance d'entr'eux & Iacques Pelletier, maiſtre Orfevre, Iuré de Saumur, Yſaac Couſtant, & Girard Perreau, ſe pretendans maiſtres audit Saumur, qui a eſté disioincte auec celle dudit l'Hommeau, ſoit iugée conjoinctement ou ſeparément, & renuoyées audit Parlement de Paris, en la Chambre de l'Edict, auec defences à ladite Cour des Monnoyes d'en cognoiſtre. Copie d'Arreſt dudit Conſeil du 15. Iuin dernier, donné entre maiſtre Iacques le Clerc, Iuge Royal & Garde hereditaire de la ville de Poictiers, demandeur en requeſte ; Et Iacob Orneau & pluſieurs maiſtres Orfevres audit Poictiers, defendeurs, & les Magiſtrats au Preſidial dudit Poictiers interuenans, d'autre; par lequel ſa Majeſté a euocqué à ſoy le procez & differend deſdites parties, & y faiſant droict, a ordonné que ledit le Clerc jouyra des droicts, priuileges & emolumens attribuez par les Arreſts, Edicts & Ordonnances faits ſur les Orfevres & Ioüailliers de ladite ville de Poictiers, ſans prejudice neantmoins, des droicts appartenans aux Maire & Eſcheuins de ladite ville, concernant le fait de police: appoinctement de Reglement pris en l'inſtance d'entre les parties, le 22. May dernier. Arreſt dudit Conſeil du 3. Septembre enſuiuant, par lequel ſa Majeſté, ſans s'arreſter au renuoy requis, a euocqué à ſoy & à ſondit Conſeil les differends des parties, & ordonné que dans trois iours pour toutes prefictions & delays elles adjouſteront à leurs productions ce que bon leur ſemblera, pour au rapport du Commiſſaire à ce deputé leur eſtre fait droict, ainſi que de raiſon. Eſcritures deſdites parties & productions; Requeſte dudit de l'Hommeau du 9. Septembre audit an, à ce que conformément audit Arreſt du 15. Iuin dernier, il ſoit maintenu & gardé en la poſſeſſion & jouyſſance de ſa Iuriſdiction & pouuoir attribué à ſondit Office, & luy donner acte de ce que pour ſatisfaire à l'Arreſt du 3. Septembre dernier, il employe ce qu'il a eſcrit & produict au procez ſur le reglement de Iuges, & qu'à faute par leſdits defendeurs de ſatisfaire de leur part, ils en ſeront purement & ſimplement forclos. Autre requeſte dudit de l'Hommeau du 7. Mars dernier, à ce que ſans auoir eſgard aux pieces produictes par leſdits defendeurs, les fins & concluſions par luy priſes au procez luy ſeront adjugées, & luy donner acte que

pour contredits contre la production defdits defendeurs il employe ce qu'il a efcrit & produiĉt en ladite
inftance, auec ladite requefte. Et tout ce que par lef-
dites parties a efté mis & produiĉt pardeuers le Com-
miffaire à ce deputé, ouy fon rapport, & tout confideré ; LE ROY EN SON CONSEIL, faifant
droiĉt fur ladite inftance, & fans s'arrefter aux fenten-
ces renduës par le Lieutenant general d'Angers, &
Arreft du Parlement de Paris du dernier May 1629.
donnez en confequence, A ordonné & ordonne que
les jugemens rendus en ladite Cour des Monnoyes
feront executez de poinĉt en poinĉt, felon leur forme
& teneur : Fait fadite Majefté tres-expreffes inhibi-
tions & defences aufdits Orfevres de la ville d'Angers & tous autres, d'inquietér à l'aduenir ledit de
l'Hommeau à la fonĉtion de fondit Office, à peine de
cinq cens liures d'amende, defpens, dommages & in-
terefts ; & a condamné & condamne lefdits defendeurs és defpens de la prefente inftance. Fait au Confeil Priué du Roy, tenu à Paris, le 14. iour d'Auril
1631.
Signé,   LE TENNEVR.

LOVYS par la grace de Dieu Roy de France &
de Nauarre, A noftre Huiffier, ou Sergent premier fur ce requis, Nous te mandons & commandons
que l'Arreft cy-attaché fous le contrefceel de
noftre Chancellerie, ce jourd'huy donné en noftre
Confeil, entre Maiftre Pierre de l'Hommeau, fieur de
la Bretauderie, Garde hereditaire & Iuge Royal en la
Monnoye de la ville d'Angers, demandeur d'vne
part; & Pierre le Gangneux & Yfaac Hardy le jeune,
Gardes, Iurez & Maiftres d'Orfevreries en ladite vil-

le d'Angers, defendeurs d'autre : Tu fignifie aufdits defendeurs, à ce qu'ils n'en pretendent caufe d'ignoran-
ce, & leur faits de par Nous les defences y contenuës
fur les peines portées par iceluy : Faifant au furplus,
pour l'entiere execution de noftredit Arreft & des jugemens rendus en noftre Cour des Monnoyes, tous
autres exploicts neceffaires, fans que fois tenu de-
mander autre permiffion ; Car tel eft noftre plaifir.
Donné à Paris, le 14. iour d'Auril, l'an de grace 1631.
Et de noftre Regne le vingt-vn.

Par le Roy en fon Confeil.

LE TENNEVR.

EXTRAICT DES REGISTRES
de la Cour des Monnoyes.

VEV par la Cour la requefte à elle prefentée par
Ifaac Couftant compagnon Orfeure en
la ville de Saumur, aux fins qu'il pleuft à ladite
Cour pour les caufes y côtenuës le recepuoir maiftre
Orfeure en ladite ville, & a cefte fin que les Maiftres
& gardés de l'Orfeurerie d'icelle ville, foient tenus
de luy bailler chef-d'œuure dudit meftier, & autres
pieces attachées à ladite Requefte, conclufions du
Procureur general, auquel le tout a efté communi-
qué, & ouy le rapport du Confeiller & general à ce
commis, tout confideré. LA COVR faifant droict
furladite Requefte & conclufions dudit Procureur
general, a ordonné, & ordonne que ledit Couftant

sera receu Maistre Orseure en la ville de Saumur, estant trouué suffisant & capable, & à ceste fin la renuoyé pardeuant le premier des Presidens & Conseillers generaux de ladite Cour trouué sur les lieux, & en son absence pardeuant les gardes de l'Orseurerie dudit Saumur, pour faire chef-d'œuure dudit mestier, & s'il est trouué suffisant & capable pardeuant les Gardes & Iuges Royaux de la Monnoye d'Angers, pour prester le serment en tel cas requis & accoustumé: insculper son poinçon & bailler ses cautions suiuant l'ordonnance, à fait & fait defence au Lieutenant general de ladite ville d'Angers de prendre cognoissance du fait de l'Orseurerie tant en ladite ville d'Angers, Saumur, , qu'autres villes du ressort de la Senechaussée de ladite ville d'Angers, & aux Orseures dudit ressort de le recognoistre à peine d'amande arbitraire, faict en la Cour des Monnoyes le dix-septiesme iour de Feurier 1629.

Signé,   DE LAISTRE.